I POTERI DELLA PENNA

OLTRE 90 ATTIVITÀ NON-FICTION

di Lexi Rees

Pubblicato in Gran Bretagna
Da Outset Publishing Ltd

Prima edizione pubblicata a settembre 2020
Questa edizione pubblicata a dicembre 2022

Scritto da Lexi Rees
Grafica di October Creative Ltd
Tradotto da Elisabetta Faggiana

Copyright © Lexi Rees 2020

Lexi Rees dichiara di essere in possesso di tutti i diritti per essere identificata come autrice di questa opera in base al "Copyright, Designs and Patents Act" del 1988.

Tutti i diritti riservati. Nessuna parte di questa pubblicazione può essere riprodotta, archiviata in un sistema di recupero, o trasmessa, in qualsiasi forma o mezzo, senza il previo consenso scritto dell'editore, né può essere fatta circolare in altra rilegatura o copertina se non quella in cui è stata pubblicata e questo viene applicato anche su acquisti futuri della stessa.

ISBN: 978-1-913799-10-6

www.lexirees.co.uk

Come usare questo libro

Questo libro di attività è il prosieguo del Laboratorio di Scrittura Creativa, dove abbiamo trattato aspetti chiave della scrittura narrativa. In questo libro ci occuperemo invece di non-fiction (o saggistica). Parleremo di opinioni, dibattiti, istruzioni, giornalismo, racconti e marketing.
In ogni sezione trovate una serie di attività ideate per accrescere la tecnica e la sicurezza, oltre a molti consigli dell'autrice. L'ultima sezione è ricca di divertenti spunti di scrittura non-fiction.

Nonostante le attività siano suddivise in temi, non è necessario seguire il libro in un ordine preciso.

Le attività sono rivolte a bambini di età compresa tra i sette e gli undici anni, ma, dato che non esistono risposte giuste o sbagliate, tutti i bambini ci possono provare, a prescindere dall'età o dal livello.

Attenzione: ci sono alcune attività che richiedono la partecipazione di amici o familiari, quindi tenetevi pronti!

TOP SECRET : SOLO PER SCRITTORI FENOMENALI

Nonostante la non-fiction sia basata su FATTI e OPINIONI, l'utilizzo di tecniche di scrittura creativa è comunque indispensabile.

Ecco alcune possibili similitudini:

- Non sempre c'è un protagonista principale, ma c'è sempre un tema principale
- Non c'è una trama, ma c'è una struttura

Un'ottima narrativa è *convincente* ed *efficace* e può addirittura *cambiare* il mondo.

In questo libro imparerai stratagemmi e tecniche top-secret che:

- le aziende usano per convincere la gente ad acquistare i loro prodotti
- i politici usano per convincere le persone a concordare con le loro opinioni
- i giornalisti usano per scrivere articoli che vogliamo leggere

E non dimenticare, questo libro non parla di dizione, punteggiatura e grammatica (anche se sono ovviamente importantissimi da conoscere). Parla di come scrivere saggi strepitosi. Vuole trasformarti in uno **scrittore fenomenale**.

Allora iniziamo

INDICE

1. Opinioni oltraggiose

2. Dibattiti esplosivi

3. Istruzioni ingegnose

4. Notizie nucleari

5. L'ora del racconto

6. Miracoli del marketing

7. Spunti di scrittura

Capitolo uno

Opinioni oltraggiose

A tutti piace esprimere la propria opinione, soprattutto quando gli altri sono d'accordo. Il tuo compito è di mettere bene in chiaro le tue argomentazioni, poi sta al lettore (o ascoltatore) decidere se essere o meno d'accordo con te.

SAPEVI

che non puoi essere denunciato per esprimere onestamente un'opinione? Per questo motivo i recensori di ristoranti o critici cinematografici possono dire cose come "Questo film è così noioso che consiglio di portare un pigiama," oppure "La bistecca era dura come una suola di scarpa".

NON SONO UN AVVOCATO!

Ecco la **formula segreta** per scrivere un'opinione:

> una posizione chiara + argomentazioni forti = un caso convincente

Step 1: Esponi la tua posizione sull'argomento
Non dimenticarti di inserire un INDIZIO nella prima riga che faccia capire al lettore che è una tua opinione. Potresti iniziare con "Penso che" o "Credo che".

Step 2: Costruisci una forte argomentazione
Utilizza fatti ed esempi che rafforzino la tua opinione. Non dimenticarti di iniziare ogni argomentazione in un paragrafo nuovo per facilitare il lettore nel seguire il filo logico.

Step 3: Scrivi la tua conclusione
Assicurati che la tua conclusione sia d'impatto.

CONSIGLIO DELL'AUTRICE

Anche se è molto allettante, cerca di non mettere argomentazioni inventate. Fatti concreti ed esempi reali spingeranno molto di più il lettore ad essere d'accordo con te.

C'era una volta

"C'era una volta" è l'inizio più famoso delle storie, ma non funziona con la scrittura persuasiva. Ecco degli ottimi modi per introdurre la tua opinione...

- Penso ...
- Credo ...
- Sento ...
- La miglior ...
- Il mio preferito ...
- Secondo me ...
- Parlando per me ...
- Credo fermamente ...
- Sono contrario ...
- Dal mio punto di vista ...
- Il peggiore ...
- Sono a favore ...
- Mi oppongo ...
- Appoggio ...
- In base alla mia esperienza ...

Riesci a rispondere a queste domande iniziando la frase sempre in modo **diverso**?

1. Dovremmo tutti imparare una lingua straniera?

2. Dovrebbero essere ammessi gli animali domestici a scuola?

3. Dovrebbe essere obbligatorio andare a fare una corsa prima della scuola o del lavoro?

4. I weekend dovrebbero essere di tre giorni?

5. Si dovrebbe anticipare l'inizio della scuola?

6. Sono pericolose le macchine a guida autonoma?

7. Si può considerare l'audio libro come una lettura?

8. Qual è il cibo migliore?

9. Va bene mangiare pasta a colazione?

10. I social media sono una perdita di tempo?

PIANO DI SOPRAVVIVENZA

Prima di iniziare a scrivere fai una lista di tutti i motivi che sostengono la tua opinione. Ogni argomentazione sarà un paragrafo nuovo.

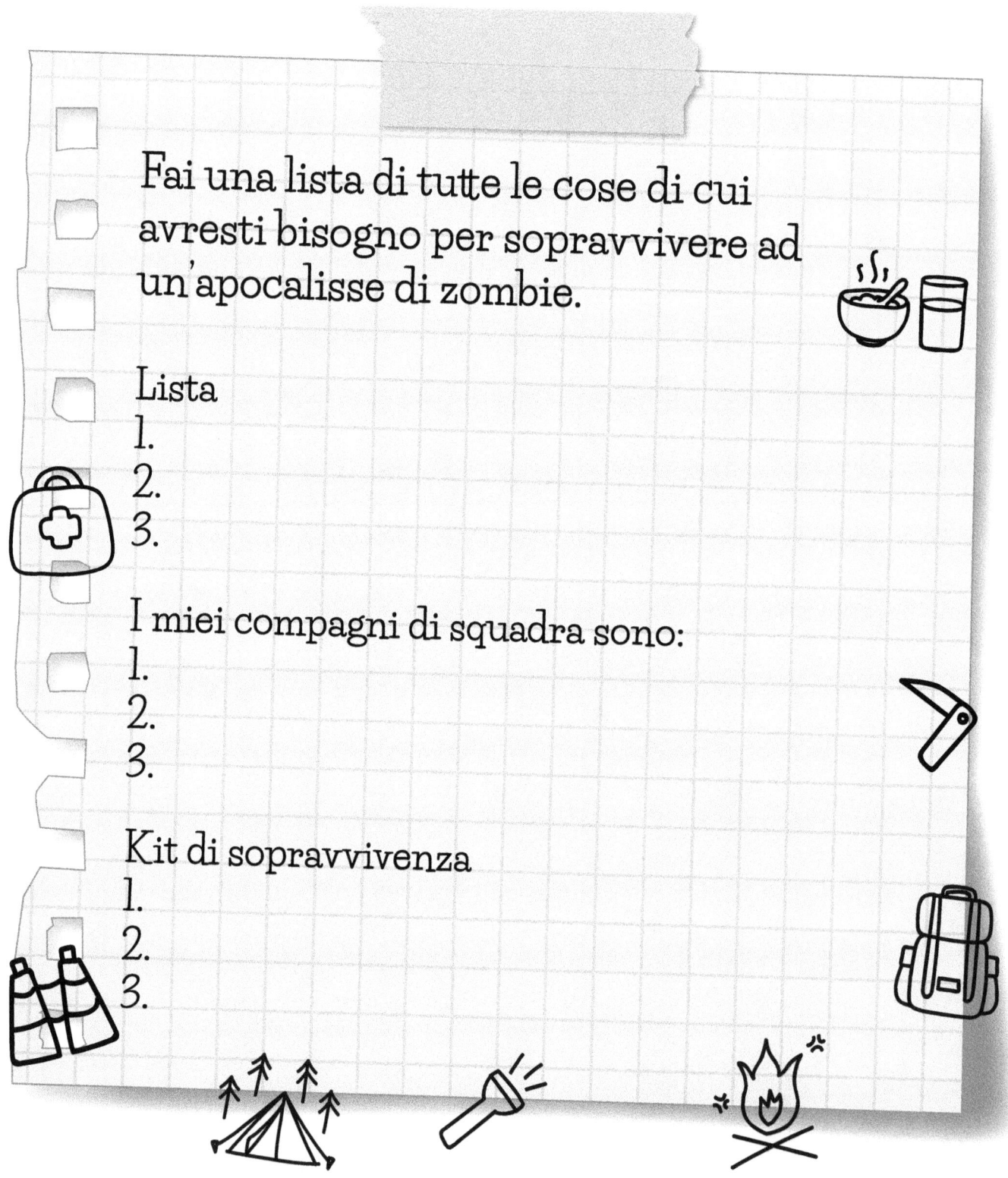

Fai una lista di tutte le cose di cui avresti bisogno per sopravvivere ad un'apocalisse di zombie.

Lista
1.
2.
3.

I miei compagni di squadra sono:
1.
2.
3.

Kit di sopravvivenza
1.
2.
3.

"Per sopravvivere ad un'apocalisse di zombie io …"

CONNETTIVI TEMPORALI

EHI, SONO UN NUOVO PUNTO!

Ogni volta che inizi a scrivere un nuovo punto, metti **ben in chiaro** al lettore che è un ALTRO motivo per cui dovrebbe essere d'accordo con la tua opinione.

Il modo più semplice è iniziare un nuovo paragrafo con uno dei seguenti connettivi logici che collegano le argomentazioni

> In primo/secondo/terzo luogo
> Innanzitutto
> In seguito
> Poi
> In aggiunta a
> Dopodichè
> Di uguale importanza
> La cosa più importante
> Un altro motivo
> Inoltre
> Per di più
> Infine
> Per concludere

CONSIGLIO DELL'AUTRICE
Cerca di raggruppare i punti in temi per dare una struttura ancora più solida alla tua argomentazione.

Se fossi preside per un giorno, farei

In primo luogo, _____
_____
_____
_____

Poi, _____
_____
_____
_____

Dopodichè, _____
_____
_____
_____

Ed infine, _____
_____
_____
_____

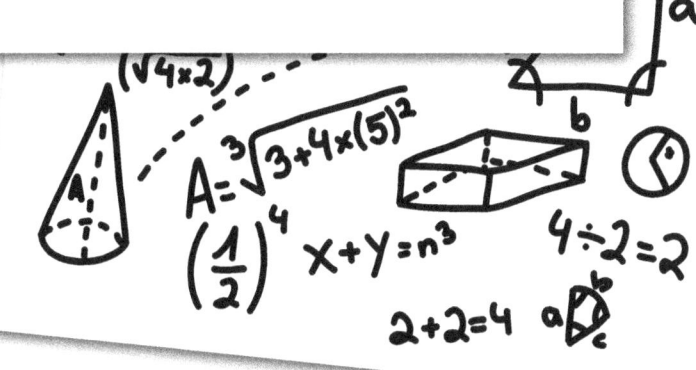

Chi vincerebbe una gara tra una lumaca ed un verme?

Il/la _____ vincerebbe la gara per i seguenti motivi:

Innanzitutto,

In secondo luogo,

Inoltre,

Per di più,

Preferiresti mangiare una cipolla cruda o un limone?

Cipolla ☐   Limone ☐

MOTIVO NR. 1: ....

....

MOTIVO NR. 2: ....

....

MOTIVO NR. 3: ....

....

MOTIVO NR. 4: ....

....

CONSIGLIO DELL'AUTRICE

Prova a scrivere qualche frase per ogni punto usando FATTI, ESEMPI e PROVE per supportare la tua opinione.

Montagne russe EMOZIONALI

L'utilizzo di aggettivi qualificativi aiuta il lettore ad immaginarsi la forza delle tue emozioni.

a Ammirevole Autentico

b Barbaro Bizzarro

c Crudele Carino

d Divertente Difettoso Deprimente

e Eccezionale Essenziale Esagerato Entusiasta

f Fantasioso Folle Fragile Frivolo

g Giudizioso Grottesco

h Hippie

i Incompetente Incantevole Ingiusto Innocuo Inutile Importante

l Letale Luccicante

m Magnifico Mediocre Mostruoso Monotono

n Necessario Nocivo Noioso

ABBONDA!

L'AGGIUNTA DI AGGETTIVI E AVVERBI AUMENTA L'EFFICACIA!

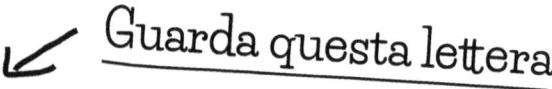
Guarda questa lettera

Alla Cortese attenzione di

Un impianto industriale è in progetto all'interno del parco nazionale. La vostra attenzione è richiesta per evitare uno scempio al panorama. Dovete agire prima che sia troppo tardi. Il Comune sta preferendo il profitto al nostro ambiente.

Cordiali saluti

Un cittadino preoccupato

È un messaggio di senso compiuto, ma un po' blando. Potrebbero stracciare la tua lettera senza nemmeno risponderti! **MA NON PREOCCUPARTI**. Possiamo facilmente renderla più efficace aggiungendo degli ingredienti.

INGREDIENTE NR. 1: *Aggiungi degli aggettivi per dimostrare il tuo sdegno totale nei confronti della proposta. Aggiungi queste parole alla lettera.*

orrendo bellissimo mostruoso meraviglioso

Alla Cortese attenzione di

Un _____ impianto industriale all'interno del _____ parco nazionale è in progetto. La vostra attenzione è necessaria per evitare uno scempio _____ al panorama. Dovete agire prima che sia troppo tardi. Il Comune sta preferendo il profitto al nostro _____ ambiente.

Cordiali saluti,

INGREDIENTE NR. 2: *Inserisci alcuni avverbi che spiegano COME sono andate le cose. Usa quelli che finiscono in "-mente", es. attentamente, velocemente, lentamente, gradualmente. Inserisci queste parole nella lettera:*

spudoratamente vergognosamente urgentemente

Alla Cortese attenzione di

Un impianto industriale, ... posizionato nel parco nazionale, è in progetto. La vostra attenzione è .... richiesta per evitare uno scempio al panorama. Dovete agire prima che sia troppo tardi. Il Comune sta .... preferendo il profitto al nostro ambiente.

Cordiali saluti,

INGREDIENTE NR. 3: *Combina con avverbi o aggettivi che ti indicano QUANDO sono successe le cose. Ecco alcuni esempi che si riferiscono al tempo es. dopo, prima, presto, giornalmente, mai. Inserisci queste parole nella lettera*

ora immediatao/a nuovamente

Alla Cortese attenzione di

Un impianto industriale è in progetto all'interno del parco nazionale. La vostra .... attenzione è richiesta per evitare uno scempio al panorama. Dovete agire .... prima che sia troppo tardi. Il Comune sta .... preferendo il profitto all'ambiente.

Cordiali saluti,

INGREDIENTE NR. 4: *Aggiungi avverbi o complementi di luogo che specificano DOVE è successo il fatto. Questi si riferiscono ai luoghi es. ovunque, dentro, fuori, intorno...*
Aggiungi queste parole alla lettera:

ovunque cuore

Alla Cortese attenzione di

Un impianto industriale, posizionato nel .... del parco nazionale, è in progetto. La vostra attenzione è richiesta per evitare uno scempio al panorama. Dovete agire prima che sia troppo tardi. Il Comune sta preferendo il profitto all'ambiente ....

Cordiali saluti,

INGREDIENTE NR. 5: *Arricchisci con avverbi che indicano FINO A CHE PUNTO le cose sono successe. Questo serve per misurare una scala di grandezza. "Molto" è l'avverbio più comune in questa categoria. Inserisci queste parole alla lettera:*

scandaloso assolutamente

Alla Cortese attenzione di

Uno .... impianto industriale, posizionato nel parco nazionale, è in progetto. La vostra attenzione è .... richiesta per evitare uno scempio al panorama. Dovete agire prima che sia troppo tardi. Il Comune sta preferendo il profitto all'ambiente.

Cordiali saluti,

ORA, MESCOLALI TUTTI INSIEME

Alla Cortese attenzione di

Uno .... e .... impianto industriale, posizionato nel .... del parco nazionale, è in progetto. La vostra .... attenzione è .... richiesta per evitare uno scempio .... al paesaggio. Dovete agire .... prima che sia troppo tardi. Il Comune sta ...., ... preferendo il profitto sull'ambiente ....

Cordiali saluti,
Un cittadino preoccupato

Credi che così sia più convincente?

Sì ☐   No ☐

GIUNGI AD UNA CONCLUSIONE

Anche se il lettore non dovrebbe più avere alcun dubbio su quale sia la tua opinione, hai bisogno di scrivere una conclusione d'impatto. Non svignartela con un semplice "*e quindi, mhh, questo è quel che volevo dire.*" Cerca invece di usare una frase ad effetto.

Torna alle risposte che hai dato agli esercizi precedenti e segna quali di queste conclusioni hai usato.

- [ ] Per tutte queste ragioni
- [ ] Di conseguenza
- [ ] Chiaramente
- [ ] Ovviamente
- [ ] Infine
- [ ] Come potete vedere
- [ ] Per riassume
- [ ] In sintesi
- [ ] In conclusione

Cos'è più POTENTE, il vento o il mare?

 Non dimenticarti di includere
- un messaggio di apertura chiaro
- varie motivazioni, che inizino tutte con una chiara posizione
- evidenze che sostengano le tue motivazioni
- una conclusione vincente

Chi vincerebbe Scarabeo, Taboo o Dixit?

Possiamo porre fine alle malattie?

Cosa sarebbe successo se il calcio non fosse mai stato inventato?

> Convinci i tuoi genitori a comprarti l'ultimo modello di cellulare.

Vediamo tutti i colori allo stesso modo?

 È MEGLIO LA FANTASIA DELLA VITA REALE?

SONO PIÙ IMPORTANTI GLI UOMINI O LE PIANTE?

Puoi cambiare la tua fortuna?

Capitolo Due

Dibattiti alla dinamite

In un dibattito si parte da una dichiarazione, invece che da una domanda. I dibattiti sono come il tiro alla fune in cui una squadra è A FAVORE e una CONTRO.

> Per scrivere un'opinione si inizia così:
> **"TI FANNO MALE I VIDEO GAME?"**
>
> In un dibattito, lo stesso quesito sarebbe scritto così:
> **"I VIDEO GAME TI FANNO MALE."**

Questa dichiarazione viene anche chiamata MOZIONE.

Regole per il Dibattito

- Usa un linguaggio formale
- Considera dei punti di vista alternativi
- Organizza le tue motivazioni utilizzando liste di **Pro** e **Contro**
- Dedica del tempo per ricercare fatti e raccogliere prove
- Non presentare le tue opinioni come fatti
- Non essere mai maleducato o aggressivo

Quante argomentazioni riesci a trovare per questo dibattito?

La plastica dovrebbe essere vietata nei supermercati

PRO	CONTRO

CONSIGLIO DELL'AUTRICE

Cerca di non usare parole come **"SEMPRE"** o **"MAI"** perche l'opposizione può facilmente controbattere la tua argomentazione.

Il Dibattito della MONGOLFIERA

Sei in una mongolfiera che sta perdendo altezza.
QUALCUNO DEVE BUTTARSI PER SALVARE GLI ALTRI.

Chi scegli?

Fai questa attività con i tuoi amici o la tua famiglia.

Scegli uno di questi gruppi (o inventatene uno). Assegna ad ogni persona un personaggio della lista.

COME GIOCARE

A turno dite UN motivo per cui dovreste rimanere sulla mongolfiera.
Dopo che ognuno ha detto il proprio motivo, votate in segreto chi secondo voi dovrebbe saltare. La persona che riceve più voti si deve buttare.

Se due o più personaggi ricevono lo stesso numero di voti, dovete presentare un'altra argomentazione, dopodichè ci sarà un'altra votazione. Continuate finché ci sarà solo una persona rimasta. NOTA BENE: dovete dare una motivazione diversa ogni volta che parlate.

❝ Dovrebbero avere diritto di voto tutti coloro che hanno più di dieci anni.**❞**
Sei d'accordo o contrario con questa dichiarazione? Perché?

SCHEDA DI VOTO UFFICIALE

> "Le persone dovrebbero superare un test prima di prendersi un cane."
>
> *Scrivi un'argomentazione per supportare questa dichiarazione.*

Dovrebbe essere illegale guidare una macchina senza altri passeggeri a bordo.

Le vacanze scolastiche sono uno spreco di tempo prezioso che dovrebbe essere dedicato all'apprendimento.

       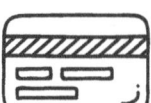

Troppi soldi ti rendono infelice.

I bambini dovrebbero donare il 10% della loro paghetta in beneficenza

PRO	CONTRO

Oink!

FAI UN DIBATTITO DAL VIVO!

Coinvolgi i tuoi amici o la tua famiglia.

Regole
- Dividetevi in due squadre.
- Dedica qualche minuto per preparare le tue argomentazioni.
- Ognuno ha tre minuti a disposizione per presentare il proprio caso.
- Una squadra non può interrompere l'altra durante l'argomentazione.

"La questione che stiamo prendendo in considerazione è ..."

UN RINOCERONTE BATTEREBBE UN ELEFANTE AD UNA GARA DI TIRO ALLA FUNE.

PRO Componenti della Squadra   CONTRO Componenti della Squadra

....

....

....

PRONTI, PARTENZA, VIA!
"Passiamo ora ai voti."

Chi ha vinto?

....

....

Capitolo Tre

Istruzioni Ingegnose

Hai mai provato a fare una torta che è uscita un disastro? Se le istruzioni fossero state chiare, ogni torta verrebbe allo stesso modo.

Ecco gli ingredienti per delle buone istruzioni:

- Elenca tutti gli strumenti necessari per iniziare
- Assicurati che ogni passaggio sia breve e chiaro
- Assicurati che l'ordine sia logico
- Utilizza titoli e sottotitoli
- Separa ogni passaggio con elenchi puntati, numeri, evidenziatori o connettivi temporali (es. prima, poi, dopo.)

COME CATTURARE UN DRAGONE

ATTREZZATURA:

PASSAGGI:

1.

2.

3.

4.

5.

6.

COME SOPRAVVIVERE NELLA GIUNGLA.

ATTREZZATURA:

PASSAGGI:

1.

2.

3.

4.

5.

6.

COME INSEGNERESTI A NUOTARE AD UN ALIENO?

ATTREZZATURA:

PASSAGGI

1. _____   4. _____

2. _____   5. _____

3. _____   6. _____

Spiega come utilizzare i social media alla
TUA TRIS-NONNA

Attrezzatura:

Passaggi

1.

2.

3.

4.

5.

6.

Dimmi di più su Tik-Tok caro...

LA NUOVA BABYSITTER ARRIVA MA I TUOI GENITORI SI SONO DIMENTICATI DI DARLE DELLE ISTRUZIONI!

SCRIVI UN MANUALE.

Le regole di casa...

COME COSTRUISCI UNA PIRAMIDE EGIZIANA?

ATTREZZATURA:

PASSAGGI:

1.

2.

3.

4.

5.

6.

INVENTATI UN NUOVO SPORT

IL MIO SPORT SI CHIAMA:

PER PRATICARLO HAI BISOGNO DI:

>
>
>

REGOLE:

1.

2.

3.

4.

5.

PUNTEGGIO + COME VINCERE:

Capitolo Quattro
Notizie nucleari

Che siano stampate o online, le notizie vengono lette da milioni di persone ogni giorno. Ecco gli ingredienti per scrivere un articolo fantastico:

- Scegli un titolo che catturi l'attenzione
- Scrivi sempre in terza persona, (lui/lei), non in prima persona (io)
- Intervista persone e aggiungi delle citazioni
- Inserisci le didascalie alle foto
- Segui la regola anglosassone delle 5W:

Chi, Cosa, Perché, Dove, Quando

➤ CONSIGLIO DELL'AUTRICE
Inizia con i punti più salienti (spesso i giornali si scorrono velocemente).

FAI NOTIZIA

I titoli di giornale tendono ad essere molto brevi – solitamente solo poche parole.

LA DONNA GATTO SALVA UN CANE

ESCURSIONISTA SOPRAVVISSUTO ALL'ATTACCO DI UN ORSO

FIERA ESTIVA CANCELLATA

Sapevi che il titolo è solitamente scritto da un redattore, non da un reporter?

Lo spazio di una colonna è molto limitato ed il redattore sa il numero massimo di caratteri che entreranno nella riga. A volte il titolo è accompagnato da un sottotitolo, chiamato anche sommario.

Ecco un esempio di titolo e sottotitolo di 18 e 31 caratteri:

MUCHE DISOCCUPATE
CAUSA CALO DEL PREZZO DEL LATTE

Consiglio dell'autrice

Gli spazi tra le parole e la punteggiatura contano come caratteri.

ORA DELLE DOMANDE

Gli articoli di giornale dovrebbero sempre rispondere alle 5W
chi, cosa, dove, quando, e perché

Esempio

CHI → **Una tigre** COSA ↙ **è fuggita** DOVE ↓ dalla **Zoo di Fasano** QUANDO ↓ **ieri notte** dopo che un fulmine ha causato un corto circuito alle recinzioni elettriche. La polizia ha chiuso la zona e ha chiesto ai residenti di **rimanere in casa** fino al ritrovamento dell'animale.

↑ E PERCHÉ

Trova un articolo interessante, ritaglialo e incollalo qui. Ora sottolinea le risposte a queste domande.

DI CHI PARLA L'ARTICOLO?
CHE COSA È SUCCESSO?
DOV'È SUCCESSO?
QUANDO È SUCCESSO?
PERCHÉ È IMPORTANTE?

[L'ARTICOLO VA QUA]

CONSIGLIO DELL'AUTRICE

Dato che spesso le persone scorrono velocemente i giornali, la storia dovrebbe mettere in primo piano le notizie più importanti delle 5W. Per esempio, se l'articolo della tigre appena citato iniziasse con "Fulmine causa corto circuito" probabilmente il lettore passerebbe oltre senza leggere l'articolo. La notizia più importante è che la tigre è scappata.

SCOMPARSE TUTTE LE CALZE DEL MONDO

Scrivi un articolo di giornale su questa situazione terrificante. Includi un titolo di massimo 20 caratteri. (Non dimenticarti di contare anche gli spazi oltre alle lettere.)

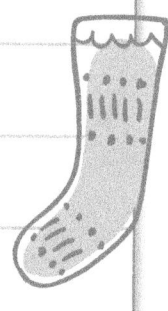

Una celebrità vive nella tua città. Il suo gatto viene rapito e ricevono un messaggio di riscatto. Scrivi un articolo per il tuo giornale locale.

Notizie locali

GATTO SEQUESTRATO!

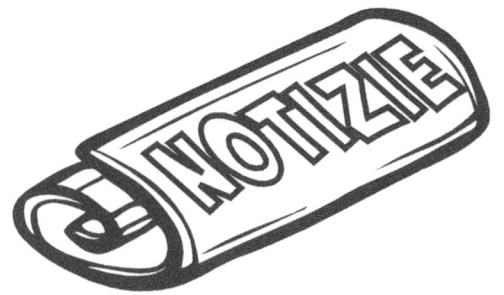

TROVA UN VECCHIO GIORNALE. RITAGLIA O STAMPA I TUOI TITOLI PREFERITI E ATTACCALI QUA..

[I TITOLI VANNO QUA]

Quante righe sono? ....
Quanti caratteri per riga? ....

[I TITOLI VANNO QUA]

Quante righe sono? ....
Quanti caratteri per riga? ....

[I TITOLI VANNO QUA]

Quante righe sono? ....
Quanti caratteri per riga? ....

[I TITOLI VANNO QUA]

Quante righe sono? ....
Quanti caratteri per riga? ....

CONSIGLIO DELL'AUTRICE

Nei titoli alcune parole vengono tolte senza cambiarne il significato, anche se risultano un po' sgrammaticate.
Gli scienziati trovano una cura
diventa
Scienziati Trovano Cura

FIRMA DELL'AUTORE

La firma è il tuo nome. Viene solitamente aggiunta dopo il sottotitolo.

CACCIA ALL'ORSO
di Lexi Rees

Come succede con i libri, anche nel leggere un giornale regolarmente si inizia a riconoscere lo stile di un giornalista e a ricercare gli articoli dei propri giornalisti preferiti.

CONSIGLIO DELL'AUTRICE

In alternativa puoi inserire la tua firma alla fine del primo paragrafo in questo modo:

Polizia ricerca orsacchiatto nel bosco, denunciato per rubare picnic, *scrive Lexi Rees, Cronaca Nera.*

Scrivi il report di un crimine.
Non dimenticarti di includere il TITOLO e la FIRMA.

Cronaca nera

"Non mi *citare*..."

Le tecniche di intervista sono tra le prime cose insegnate ad un giornalista. Un'ottima citazione può trasformare una storia da mediocre a fantastica.

Trova un articolo di giornale che contiene diverse citazioni. Ritaglialo o stampalo ed incollalo qui. Sottolinea tutte le citazioni.

Quante citazioni ha usato il giornalista?

1 ☐   2 ☐   3 ☐   più di 4 ☐

Perché credi che abbiano scelto quelle persone da intervistare?

CONSIGLIO DELL'AUTRICE
Chiedi sempre il permesso prima di citare qualcuno.

Non tutti gli articoli di giornale sono accompagnati da una foto, ma agli editori fa sempre piacere se ne ricevono una.

Se alleghi una foto ricordati di
- accreditare il fotografo includendo il suo nome
- aggiungere una didascalia accattivante sotto la foto

CONSIGLIO DELL'AUTRICE

Le immagini appartengono ai fotografi. Si chiama copyright. Se vuoi pubblicare una foto che non hai scattato tu hai bisogno del permesso. La legge è complessa, quindi non metterti nei guai!

Cerca delle foto di giornale e guarda le didascalie. Incolla qui le tue preferite.

Aggiungi la tua didascalia a questi disegni.

STA TUTTO NEL BRAND

Come chiameresti il tuo giornale?

Una volta che decidi il nome, hai bisogno di lavorare sulla TESTATA, ovvero il titolo (con un font molto accattivante) ed un logo, che viene posizionato in alto nella copertina.

IL TUO LOGO E TITOLO

CONSIGLIO DELL'AUTRICE
Non dimenticarti di aggiungere la data ed il prezzo sotto la testata.

Pubblica il tuo giornale.

Avrai bisogno di carta e penna per completare questa attività. Coinvolgi i tuoi amici o la tua famiglia.

- SCEGLI IL NOME DEL TUO GIORNALE
- DISEGNA LA TESTATA
- DECIDI IL PREZZO
- AFFIDA UN COMPITO AD OGNI PERSONA

Editore	-----------------------------
Corrispondente	-----------------------------
Reporter sportivo	-----------------------------
Cronaca rosa	-----------------------------
Posta del cuore	-----------------------------
Recensore videogiochi	-----------------------------
Astrologo (scrive oroscopi)	-----------------------------

- SCRIVI GLI ARTICOLI
- INCOLLALI INSIEME

**BOOM
HAI APPENA
PUBBLICATO IL TUO
PRIMO GIORNALE!**

Sei ora ufficialmente un giornalista.

Hanno importanza le fake news?

Come giornalista, il tuo lavoro è di riportare delle notizie. Cosa potresti fare per assicurarti che le tue storie non siano 'fake news'?

*Le fake news sono informazioni volutamente false o prese in giro che vengono facilmente divulgate tramite i social media.

Capitolo Cinque

L'ora del racconto

Il resoconto di un evento si chiama "racconto".
Si può trovare in un diario, un reportage o un giornale.

Ecco gli ingredienti del racconto:

- Inserisci gli eventi nell'ordine cronologico in cui sono successi
- Usa il presente o il passato prossimo
- Scrivi in prima persona (io) nei diari
- Scrivi in terza persona (lui/lei) per reportage giornalistici

CONSIGLIO DELL'AUTRICE

Utilizza specifiche referenze temporali: giorno, data, ora, mattina/ pomeriggio/ sera/ prima di colazione/ dopo scuola ecc.

Sappiamo tutti che non dovremmo leggere il diario di qualcun altro MA siamo tutti un po' ficcanaso e AMIAMO i segreti.

Ecco perché i diari sono così interessanti da leggere.

HAI MAI LETTO QUESTI LIBRI?

1. Diario di una Schiappa ☐
2. I Diari di Nikki ☐
3. Il Diario di Anna Frank ☐
4. Il Diario Segreto di Adrian Mole ☐
5. Il Fichissimo Mondo di Tom Gates ☐

Hai mai letto altri libri scritti in forma di diario personale?

**IMMAGINA DI ESSERE UN CUCCIOLO MONELLO.
SCRIVI UN DIARIO SU TUTTE LE COSE CHE COMBINI.**

Caro diario

Lunedì

Martedì

Mercoledì

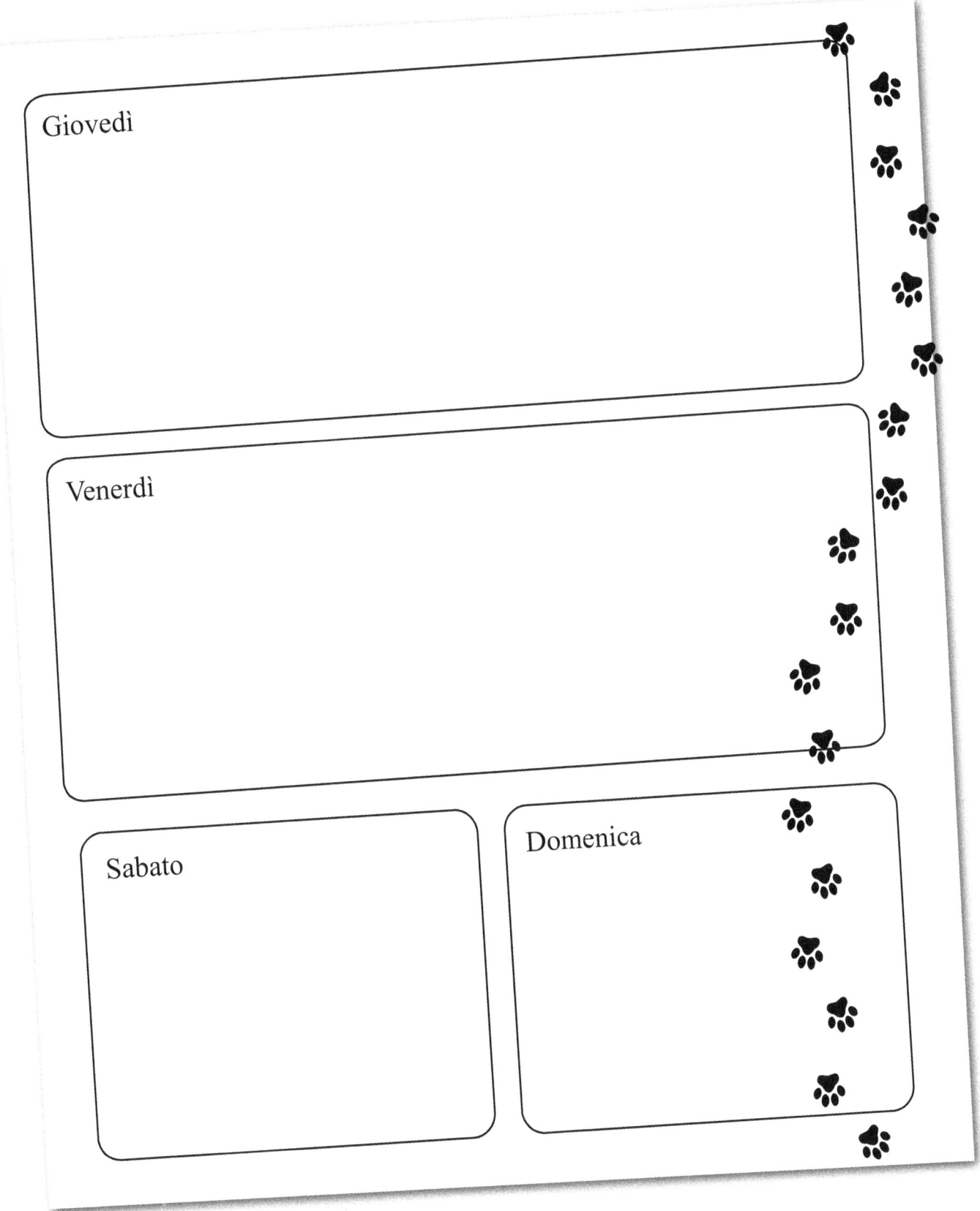

Giovedì

Venerdì

Sabato

Domenica

CONSIGLIO DELL'AUTRICE
Non ti dimenticare di usare indicatori temporali come "durante la mia passeggiata" o "prima di cena".

"SONO SENZA PAROLE!"

Fai un disegno che riassuma cosa ti è successo. Accompagna ogni disegno con un indicatore temporale es: durante la pausa, dopo scuola, a cena, dopo che si sono spente le luci.

Lunedì

Martedì

Mercoledì

Giovedì

Venerdì

Sabato

Domenica

Scrivi la cronaca di una partita.

> ✒ **CONSIGLIO DELL'AUTRICE**
> Ci sono molti indicatori temporali che puoi usare nella cronaca sportiva es. dopo il calcio d'inizio, prima della metà tempo, durante i supplementari, con pochi minuti da perdere, ecc.

Scrivi un reportage di

UNA GIORNATA NELLA VITA DI UN SOLDATO

Scrivi un verbale della polizia su un omicidio, inserendo la cronologia di tutti gli eventi successi prima del ritrovamento del corpo.

 Scrivi una mail ad un amico/a raccontando della tua vacanza.

Nuovo Messaggio

A

Soggetto

INVIA

Capitolo Sei

Miracoli del Marketing

Ogni giorno veniamo bombardati da aziende che cercano di convincerci a comprare i loro prodotti. Ecco gli ingredienti per un fantastico spot pubblicitario.

- Sottolinea le caratteristiche del prodotto
- Scrivi uno slogan accattivante
- Scegli una sigla o un ritornello
- Usa un'immagine che colpisce

CONSIGLIO DELL'AUTRICE

Prima di iniziare ad ideare uno spot pubblicitario devi identificare il target di mercato. Uno spot rivolto a giardinieri sarà molto diverso rispetto ad uno rivolto a giocatori di videogiochi.

PREMIAZIONI PUBBLICITARIE

Fai una lista delle più belle pubblicità che hai mai visto. Che cosa le ha rese così belle?

1. _____
_____
2. _____
_____
3. _____
_____
4. _____
_____
5. _____
_____
6. _____
_____
7. _____
_____
8. _____
_____

Ora chiedi ai tuoi amici o alla tua famiglia quali spot pubblicitari sono rimasti loro più impressi. Sono diversi dalla tua classifica?

Crea una locandina per promuovere uno spettacolo per cani.
Devi includere:

(1) come partecipare (2) data e luogo (3) premi

STAI METTENDO INSIEME UNA BAND MUSICALE.
CREA UNA LOCANDINA PER LE AUDIZIONI.

SLOGAN!

Molte aziende e prodotti usano slogan brevi e d'effetto. Gli slogan migliori vengono subito associati ad un brand o prodotto. Quanti di questi riconosci?

Slogan	Brand/Product
Just do it	....
Che mondo sarebbe senza	....
I'm lovin' it	....
Dove c'è .... c'è casa.	....
Così tenero che si taglia con un grissino	....
Perche io valgo	....
................ti mette le ali	....
No ...., no party.	....
Think different	....

Te ne vengono in mente altri?

LA PERSUASIONE DELL'ANANAS

Pianifica lo storyboard di uno spot pubblicitario che ha per protagonista un riccio coi capelli così sparati da sembrare un ananas. Scegli tu quale prodotto pubblicizzare. Non ti dimenticare di inserire il brand e lo slogan da qualche parte nello spot.

> **CONSIGLIO DELL'AUTRICE**
> Per creare uno spot pubblicitario di successo inizia da uno storyboard che si sviluppa scena per scena, come un fumetto.

Crea un volantino per una pizzeria d'asporto

Non ti dimenticare di includere i nomi delle pizze, il numero associato ad ogni pizza, il prezzo ed una breve descrizione.

Consiglio dell'autrice
I volantini sono diversi dagli spot pubblicitari. Includono più prodotti e più informazioni.

Capitolo Sette

Spunti di scrittura

Preferiresti vivere nella giungla o nel deserto?

OPINIONE

È piu facile la vita di un uccello o di un pesce?

SAREBBE PIÙ SEMPLICE INSEGNARE A SCIARE AD UN GATTO O AD UN CANE?

OPINIONE

Chi venne prima
L'ESTATE O L'INVERNO?

OPINIONE

Chi vincerebbe una battaglia tra *zombie* e *fantasmi*?

OPINIONE

Chi nacque per prima,

la **A** MAIUSCOLA o la **a** minuscola?

OPINIONE

Chi nacque per primo, l'uovo di Pasqua o il Coniglio Pasquale?

OPINIONE

CHI VENNE PER PRIMO, GLI ALIENI O GLI UMANI?

OPINIONE

Se metti uno specchio vicino ad una candela in una stanza buia otterrai il doppio della luce.

LE TORTE DI COMPLEANNO DOVREBBERO ESSERE PROIBITE A SCUOLA.

DIBATTITO

L'E-GAMING È UNO SPORT.

Va bene trattare male un bullo.

Dovresti dire "per favore" e "grazie" ad un robot

DIBATTITO

Un gemello non è mai solo.

Un gemello non è mai solo.

Rimaniamo sempre gli stessi dalla nascita?

Sarebbe meglio se parlassimo tutti la stessa lingua?

DIBATTITO

Come costruire una scultura di ghiaccio vincente.

Attrezzatura

Passaggi

1.

2.

3.

4.

5.

6.

ISTRUZIONI

Come intervistare un sospetto della polizia.

ULTIM'ORA !

È la settimana prima di Natale e le renne di Babbo Natale sono in sciopero.
Scrivi un articolo per il tuo giornale. Non dimenticarti di includere:

- un titolo accattivante
- la tua firma
- almeno una citazione
- un'immagine con una bella didascalia

GIORNALE

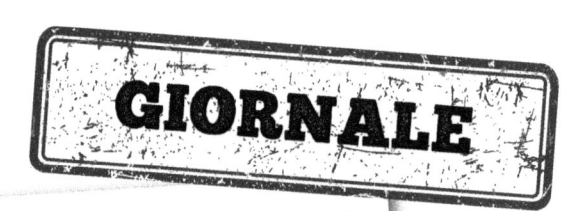

PRIMA PAGINA

Stai intervistando soccorritori ed evacuati dopo uno di questi eventi:

- **UN INCENDIO BOSCHIVO** – **UNO TSUNAMI** – **UN TORNADO**

GIORNALE

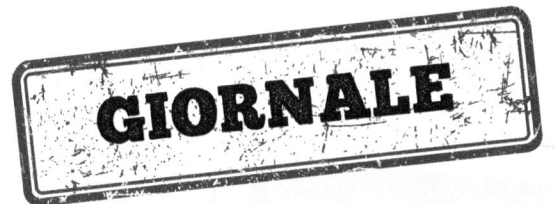

Scrivi un articolo per il tuo giornale.

PROBLEMA DOPPIO

I giornalisti usano spesso allitterazioni nei loro titoli per un impatto maggiore. Ecco alcuni titoli reali:

AVANTI AZZURRI

UN CONIGLIO PER COMPAGNO

Riesci a trovare altri esempi? Copiali o incollali qui.

GIOCHI DI PAROLE

Un altro stratagemma è usare i giochi di parole. Ecco alcuni esempi:

COSI NON VAR

IL TROPPO STROPPIA

Riesci a trovare altri esempi? Copiali o incollali qui.

Un giorno nella vita di un astronauta

RACCONTO

Non ho potuto fare i compiti ieri sera perché quando arrivai a ...

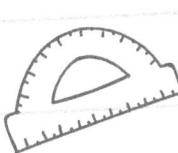

$$\sqrt{\frac{3R_m T}{M_R 10^{-3}}} \quad p = \frac{E}{c} = \frac{hf}{c} = \frac{h}{\lambda} \quad V = V_1(1 + \beta \Delta t)$$

Crea una locandina per dimostrare come poter fermare la diffusione della peste.

Pianifica uno storyboard per pubblicizzare un nuovo videogioco.

Crea un catalogo a scelta tra:

un negozio di abbigliamento / un negozio di giochi /
un fiorista / un'azienda turistica

Se ti è piaciuto questo libro, dillo ai tuoi amici!

Puoi iscriverti gratuitamente alla mia newsletter.
Riceverai:

- divertenti attività di scrittura e puzzle
- interviste esclusive all'autrice
- consigli di libri interessanti
- dettagli di promozioni speciali ed uscita di nuovi libri

Scopri di più qui:
www.lexirees.co.uk/kidsclub

Buona lettura!

L'AUTRICE

Cresciuta nel nord della Scozia
Lexi Rees vive ora tra Londra
ed il Sussex.

Solitamente è ricoperta di paglia
o glitter, a volte di entrambi.

MI PUOI CONTATTAMI

Se hai qualsiasi domanda mi puoi contattarmi direttamente
tramite il mio sito **www.lexirees.co.uk** o sui miei canali social.

 @lexi_rees

 @LexiAuthor

 @lexi.rees

Non vedo l'ora di conoscervi,
Lexi

Altri libri dell'autrice